Criminalidad Organizada
Notas de iniciación a su estudio

I0410209

Dager Aguilar Avilés
Estados Unidos, 2016

1

Autor: Dager Aguilar Avilés
Edición y corrección: Dager Aguilar Avilés
Diseño interior y de cubierta: Alberto Alvarado Gimenez
Diagramación: Sonia Fuentes Valdés

Sobre la presente edición:
©Dager Aguilar Avilés, 2016
©Editorial Honoris-America(Proyecto), Estados Unidos
Criminalidad organizada: Notas de iniciación a su estudio.
Número depósito legal de identificación: ID: 6106567
ISBN-13: 978-1530301638
ISBN-10: 1530301637

La presente publicación ha sido financiada por el programa Erasmus Mundus action 2 de la Unión Europea.

Del Autor:

Dager Aguilar Avilés: Ciudadano cubano residente en la ciudad de Varsovia, Polonia. Jurista, analista político latinoamericanista, académico y escritor. Profesor de la Facultad de Derecho de La Universidad de La Habana, Cuba(2007-2012), Fiscal del Departamento de atención a los derechos ciudadanos de la Fiscalía Provincial de la Habana. (2011-2012), Investigador Asociado del Departamento de Sociología, Filosofía y Psicología Aplicada de la Universidad de Padova, Italia (2013), Investigador Asociado del Grupo de Investigación de Gobierno, Administración y Políticas Públicas de Madrid, España(2012-actualidad), Becario del Centro de Estudios Latinoamericanos de la Universidad de Varsovia, Polonia (2014-2016). Académico Asociado al Instituto argentino de Altos Estudios de Derecho Penal y Derecho Procesal penal comparado. (se vincula a la investigaciones sobre criminalidad política)(2011-actualidad). Académico Asociado al Instituto de Ciencia Procesal Penal de Perú. (2011-actualidad). Académico Asociado al Instituto minero de direito processual y ciencias jurídicas. (grupo de estudio sobre democracia e intrumentacion del Derecho procesal Constitucional) Minas Gerais. Brasil (2011-act.). Coordinador de la publicación seriada *Anuario Político Latinoamericano*, (Estados Unidos). Coordinador de la publicación seriada trimestral *Actualidad Académica,* (Estados Unidos). Ha dirigido varios investigaciones de tesis de diploma y maestría.

Ha publicado varios libros en Europa y Estados Unidos, así como numerosos artículos y ensayos en contribuciones y revistas especializadas en ciencias sociales y jurídicas en Europa, América Latina y Estados Unidos. Ha presentado ponencias en numerosos eventos científicos y recibido varios premios a lo largo de su carrera estudiantil y profesional.

Indice

Capítulo I: Aspectos conceptuales generales sobre la criminalidad organizada

"...la esperanza de la impunidad es para muchos hombres una invitación al crimen...",
Pierre Villaume

1. Criminalidad organizada. Definición.

Definir al crimen organizado ha sido una faena muy difícil por su dinamismo, el cual no deja de sorprender a las más avesadas políticas de control. Ello no desmerita para nada los diferentes intentos que, con tales propósitos y a lo largo de varias décadas, se han realizado en diversas partes del mundo.

El crimen organizado, como lo sugiere su nominación, parte de la comisión de crímenes que requieren para su ejecución un mínimo de organización. En este sentido, no se trata de una comisión circunstancial, sino de una fenomenología de la que, desde su configuración legal, se sugiere o exige la organización y articulación necesaria entre los sujetos intervinientes como factor necesario para el éxito de su ejecución.[1] Estas características a las que hacemos alusión se complementan y concatenan a partir de elementos comunes que la elevan a un grado de cordinación intelectual, ejecutorio y corporativo superior a las demás comisiones simples de similares tipo penales en un lugar determinado. Por estas razones, la doctrina especializada en el estudio de estas expresiones criminales las ha denominado, casi homogénicamente, como "crimen organizado."[2] Pero nótese que hablamos de *Crimen organizado* y no de *Criminalidad organizada*. Aunque en la doctrina suele usarse esta terminología indistintamente realmente no debe ser así. Sucede que entre el crimen

---

[1] Aquí cuando hacemos alusión a la *necesidad* no nos referimos a la necesidad que describe el urgir o prescindir de algo, sino a la *necesidad* como concepto filosófico de inevitabilidad que se opone a la casualidad.

[2] BLANCO CORDERO, I: *"Criminalidad Organizada y Mercados Ilegales"* en *Eguskilore*, No 11. 1997. P. 213 y 215.

organizado y la criminalidad organizada existe una línea casi indisoluble que provoca gran confusión. Al parecer ese fue el conflicto suscitado durante la redacción de la conocida Convención de las Naciones Unidas contra el Crimen Organizado Transnacional (UNTOC, por sus siglas en inglés) la cual no define de forma precisa el término "crimen transnacional organizado" y ni siquiera incluye una lista de los tipos de delitos que podrían constituirlo. Somos del criterio de que esta ausencia de definición obedece a un intento de permitir una aplicación más amplia de la UNTOC a los nuevos tipos de delito emergentes cada día, a medida que las condiciones locales, regionales y globales se modifican en el tiempo. No obstante, no sucede lo mismo con la definición de *criminalidad organizada*, la cual se expone de manera clara y precisa en la citada Convención.

Así, la Convención de las Naciones Unidas contra la transnacionalización de la criminalidad organizada (convención de Palermo) define la criminalidad organizada en su artículo 2 como *la estructura de poder, jerárquicamente organizada, coleccionada y que tienen como finalidad la realización de actividades lucrativas para obtener beneficios financieros o económicos.* Por su parte, DE LA CRUZ OCHOA la define desde dos sentidos: *amplio* y estricto-*funcionalista.* En su sentido amplio el autor define la criminalidad organizada como *la actividad criminal, ejecutada, estructurada y planificada (de acuerdo a códigos internos de organización criminal), por individuos que hacen de la actividad delictiva su forma de vida.*[3] En su sentido estricto-funcionalista la define como *la que se realiza a través de un grupo o asociación criminal revestidos de las siguientes características: carácter estructurado, permanente, autorrenovable, jerarquizado, destinado a lucrarse con bienes y servicios ilegales o a realizar hechos antijurídicos con intenciones de influir en esferas de poder , los cuales utilizan la disciplina y la coacción con*

---

[3] DE LA CRUZ OCHOA, RAMÓN: *"Crimen Organizado, Tráfico de Drogas, Lavado de Dinero y Terrorismo"* Ed. Ciencias Sociales. La Habana. Cuba. 2004. P. 4.

relación a sus miembros y toda clase de medios frente a terceros con el fin de alcanzar sus objetivos.[4]

De la definición anterior se desprende que la calidad de tal nominación (criminalidad organizada) reposa en su dinamismo; es decir, la criminalidad organizada se refiere al *estatus superior estructural y ejecutivo* que alcanza una forma de criminalidad determinada que se caracteriza por altos niveles de organización y perfección ejecutiva de un tipo de delito específico, a diferencia de una simple asociación para delinquir u otra forma grupal de criminalidad. Ello no quiere decir que no se pueda circunscribir a un tipo específico de delito. No obstante, la realidad es que muchas veces, por no decir casi siempre, la criminalidad organizada abarca la comisión habitual de varios tipos de delitos y no solamente uno de ellos como se suele pensar. Un ejemplo es el narcotráfico. Si analizamos bien este tipo de criminalidad organizada

---

[4] *Ibídem.*

veremos que en el marco del narcotráfico se ejecutan otros delitos que van desde asesinatos, secuestros, amenazas hasta tráfico de personas, etc. Por eso, como mismo resulta erróneo pensar que el narcotráfico es una criminalidad organizada en la que solamente se ejecuta tráfico de drogas prohibidas de manera ilegal, también es erróneo pensar que otras formas de criminalidad organizada se circunscriben solamente a un tipo específico de delitos. Con ello queremos significar que el concepto de delincuencia organizada trasciende y desborda al concepto de crimen organizado porque es mucho más amplio y complejo. Por estas razones, lo más común es que cuando la criminalidad de un delito específico comienza a alcanzar altos grados de organización para su ejecución y a describir otras características especiales, se dice que ha comenzado a organizarse como un tipo cualificado superior de criminalidad, o sea, como una criminalidad organizada de la tipicidad correspondiente.

Ahora bien, en el caso del crimen organizado la

diferencia está en que este último responde más a la propia descripción de la norma jurídico-penal en el cuerpo legal sustantivo correspondiente que al propio dinamismo y complejidad de su ejecución, o sea, de su criminalidad. Es así que muchas veces vamos a encontrar delitos que, conforme a su configuración legal, requieren una pluralidad de sujetos y un grado mínimo de organización y planificación para lograr su ejecución. En estos casos estamos en precencia de *crímenes organizados por configuración legal.* En otros casos nos encontramos tipicidades delictivas que no están configurada su organización legalmente, pero que por las circunstancias concretas los autores del delito deciden organizarse y cooperarse mutuamente de una manera muy similar a lo de una criminalidad organizada, pero sin una habitualidad ni complejidad severa. En estos casos estamos en presencia de un *crimen organizado de configuración material.* Tal puede ser el caso, por ejemplo, de la *asociación para delinquir.* Entonces en todos estos casos notaremos que puede existir crimen organizado sin criminalidad organizada porque el concepto de crimen organizado obedece más a la configuración legal del delito que a las características de la criminalidad que lo ejecuta. Ello significa que la esencia del crimen organizado está en el delito tipificado mientras que la esencia de la criminalidad organizada está en las características típicas y la complejidad funcional de las relaciones entre los que ejecutan el delito(La criminalidad propiamente dicha). Así el crimen organizado no es más que la nominación que recibe aquella tipicidad delictiva cuya configuración legal o su ejecución sugiere o necesita respectivamente niveles superiores de organización respecto a otras modalidades delictivas recogidas en el mismo cuerpo legal sustantivo, inclusive de la misma naturaleza delictiva.

Con esta afirmación anterior se da a entender que para que exista criminalidad organizada debe existir un crimen organizado previamente. Pero no siempre que exista un crimen organizado va existir criminalidad organizada.

En ese sentido tomaremos como ejemplo nuevamente el narcotráfico. En la configuración legal del delito de tráfico de drogas, estupefacientes y otros fármacos de manera ilegal la norma penal sugiere la existencia de un productor o adquiriente, un transportador de estas drogas, y un vendedor o distribuidor como mínimo(o de lo contrario no habría tráfico). Desde su propia configuración legal se exige un mínimo de organización y estructuralidad funcional. Eso es crimen organizado. Ahora bien, ese crimen organizado pasa a ser una criminalidad organizada cuando los niveles de organización y la estructuralidad jerárquica y funcional adquieren niveles tales que se independizan de la ejecución de un mismo crimen organizado para abarcar otras modalidades de crímenes organizados y otras modalidades delictivas que no sean crímenes organizados pero que giran entorno a estos. Es así que dentro de la criminalidad organizada se ejecutan crimenes organizados diversos a la misma vez. Por eso reiteramos que la criminalidad organizada no responde a un solo tipo de crimen organizado sino a varios crímenes organizados al mismo tiempo. Así la criminalidad organizada comprende y desborda el concepto de crimen organizado propiamente dicho. Esta es una característica de las criminalidades organizadas que se estudia muy poco por parte de los especialistas en el tema y es que si retomamos el ejemplo antonomástico que hemos venido tratando aquí(el narcotráfico) veremos que en los más reconocidos carteles de la droga no se practica única y exclusivamente el tráfico de drogas sino que también se realizan otros crímenes organizados como lavado de dinero, tráfico o trata de blancas y, a su vez, otras tipicidades delictivas que no necesariamente son crímenes organizados de configuración legal o material como son asesinatos, delitos contra la integridad física etc.

Por último quisiéramos destacar que en el crimen organizado la finalidad de los autores del delito es simplemente organizarse para ejecutar el delito, mientras que en la criminalidad organizada la ejecución del delito se comprende como una pequeña parte básica de un negocio que se desarrollará habitualmente y se lucrará evidentemente con ello. Por ello la finalidad perseguida en el crimen organizado y en la criminalidad organizada es tan importante porque mientras en el primero(crimen organizado) no se pretende trascender más allá de la mera ejecución del crimen correspondiente en el segundo (la criminalidad organizada) se pretende desarrollar de la ejecución habitual de este mayores ganancias y abordar otras formas decrimen organizado a la vez y hasta corroer en lo más alto de la estructura estatal y sus instituciones.

1.1. Requisitos y Características generales de la criminalidad organizada.

Para la criminalidad organizada es fácil burlar los distitntos regímenes de control criminal, así como las políticas preventivas más audaces y, sobre todo, autoregenerarse feníxicamente tras su desmembramiento. Sobre estos aspectos específicos dedicaremos, más adelante, algunas líneas.

De las definiciones brindadas en el epígrafe anterior resulta fácil dilucidar los requisitos y características inherentes a toda criminalidad organizada. Normalmente se tiende a confundir los requisitos necesarios para el crimen organizado con sus características propias y, en la mayoría de los casos, estos presupuestos imprescindibles ni se mencionan. Entre las características fundamentales de la criminalidad organizada encontramos: grupalidad, estructuralidad, autorrenovación, jerarquía, coacción, violencia, reglamentismo, entre otras.

La actividad grupal en la criminalidad organizada se debe, como ya habíamos hecho mención, a la necesidad de una pluralidad significativa de personas para que persista tal actividad.

La característica de estructuralidad se traduce como la organización organigramada de toda la asociación criminal. Este organigrama criminal no es más que el establecimiento de funciones individuales para todos los miembros de la asociación criminal y sus respectivas responsabilidades. Conforme a esta característica, es bastante visible en el crimen organizado la existencia de subgrupos que responden a actividades más colectivas, sin detrimento de las actividades individuales de cada persona interviniente en la ejecución del delito específico.

La jerarquía es la otra característica que más se concatena a la estructuralidad típica de toda criminalidad organizada. Según esta, la asociación criminal en su esquema organizativo tiende a tener un "capo" o jefe que dirige y controla todo el aparato criminal. Esta persona se caracteriza por sus habilidades de administración de negocios ilegales y el encubrimiento de los mismos. También son características comunes a estas personas la sangre fría a la hora de imponer su autoridad y respeto contra aquellos que intentan desobedecer o fundar nuevas criminalidades en paralelo a la existente en un mismo territorio. Resulta loable destacar que en la mayoría de las grandes ciudades es notoria la tendencia actual de repartición territorial del mercado criminal y hasta de contratos y parcerías entre bandas criminales organizadas.

Posterior al jefe de la criminalidad organizada se va dilucidando toda una política de grados jerárquicos que generalmente estan distribuidos en dependencia de la habilidad y conocimiento de cada quien en el negocio correspondiente teniendo como criterio principal la antigüedad en el grupo y nivel de lealtad al jefe actual. En otros grupos organizados esta jerarquía está establecida por los niveles de capitales ingresados por cada miembro en el grupo, lo cual vuelve algunos en socios preferentes y de mayor autoridad respecto a otros. Por último, se encuentran aquellos grupos en los que la jerarquía simplemente es distribuida por el jefe principal atendiendo al grado de confianza de sus más allegados en el negocio criminal. Ello no quiere decir que estos criterios antes expuestos sean excluyentes entre sí, pues perfectamente son mixturados; de hecho es lo más común en la contemporaneidad.

La autorrenovación es la característica fundamental y más peligrosa desde el punto de vista criminológico. Se traduce como la capacidad de la criminalidad organizada de autoregenerarse una vez que es desintegrada o desmembrado su organigrama estructural y/o jerárquico. Por medio de esta característica se perpetúa la actividad criminal desarrollada por este grupo, al menos que se eliminen de manera significativa alguno de los presupuestos o requisitos fundamentales de su existencia y efectiva funcionalidad.

Estas características son defendidas y preestablecidas en la criminalidad organizada a partir de normas que devienen tácitamente en normas operativas y de convivencia. A esta sistematicidad y combinación de normas sociales y jurídicas(consuetudinarias) es lo que se le ha dado a llamar "reglamentarismos." El reglamentarismo permite establecer un orden en la ejecución de la actividad criminal para garantizar la organicidad tan importante en este tipo de asociación. Estas normas a la que hacíamos referencia son solamente para los miembros de la criminalidad, aunque también pueden ser referidas a otras criminalidades organizadas respecto a su práctica en territorios de otros grupos organizados. Muchas de estas normas pueden ser hamurábicas en el sentido que parecen ser extremistas al exigir la muerte del infractor o el sufrimiento prolongado del mismo y sus seres más queridos. Algunas de estas suelen ser la traición al grupo mediante su denuncia a las autoridades u otra persona ajena, robo de mercancías o dinero que estaba destinado a determinados fines y crear obstáculos intencionalmente en determinadas operaciones que pongan en riesgo el negocio o causen pérdidas financieras. La coacción y la violencia forman parte de lo que se conocen como características metódicas, ya que se refieren a una descripción de la metodología con que se opera en este tipo de criminalidad. La coacción está muy relacionada con la reglamentación. En este sentido, se entiende por coacción a la fuerza o violencia que se hace para obligar a alguien a hacer o no hacer algo. En similar acepción, la violencia se refiere a la acción de aplicar medios bruscos e impetuosos para lograr vencer una resistencia. La línea entre coacción y violencia es muy delgada, casi infinita, al punto que su diferencia es casi imperceptible. Lo cierto es que la coacción se refiere a la técnica de doblegación que tiene por mecanismo a la intimidación, la amenaza y todo aquello que, sin recurrir a la agresión física, ocasiona un temor fundado y grave en el destinatario. La violencia, en cambio, va referida fundamentalmente a la agresión física como vía fundamental de doblegación y dominación. Otra de las diferencias entre ambas radica en la aparición de los efectos pretendidos en el empleo de ambas técnicas. En la coacción el temor infundado aparece más lentamente en el sujeto coaccionado, pues generalmente el mismo posee tiempo reducido, así sea casi instantáneo, para tomar una desición respecto a la conducta propuesta por el coaccionador. Así, tanto en la coacción como en la amenaza, al coaccionado se le hace una propuesta de subordinación que debe decidir si la asume o no ya que de lo contrario recibirá un perjuicio preavisado. Casi siempre este daño preavisado consiste en la muerte o lesiones de algún familiar querido o la publicación de aspectos íntimos vergonzosos de la persona o sus allegados. En la violencia, por el contrario, se procura que el resultado (la doblegación) sea inminente o instantáneo; por estas razones, no se espera que el sujeto analice la actitud a tomar, sino que se intenta suprimir toda manifestación de voluntad mediante el dolor y la fuerza física personal.

En la criminalidad organizada es característico estas técnicas, sobre todo a la hora de evadir justicia, las cuales la sufren agentes de la autoridad, funcionarios judiciales y políticos. También suelen sufrirlas aquellas personas que intencionalmente o no llegan a tener conocimientos de datos importantes sobre la asociación criminal de que se trate; dígase periodistas, investigadores, etc. Muchas veces, cuando se requiere, se utilizan estas técnicas para obligar a personas comunes a prestar servicios a la asociación criminal, ya sea de traslado, información o instrucción. A modo de ejemplo podemos citar servicios médicos, defensa judicial, recreativos, etc.

Ahora bien, entre los requisitos primarios de la criminalidad organizada encontramos los siguientes:

- Crimen organizado de configuración legal o material.[5]
- Móviles criminógenos suficientes.
- Factores criminógenos.
- Condiciones criminógenas.
- Territorio y mercado.

Los móviles criminógenos son aquellos fenómenos que se originan en la psiquis humana que motivan a la comisión de crímenes. El autor mexicano RODRÍGUEZ MANZANERA los define como *aquello que ha llevado al sujeto a cometer una conducta*

---

[5] Este tema fue abordado ya en el primer epígrafe por lo que no lo repetiremos aquí.

antisocial determinada.[6] Estos conceptos de móviles criminógenos a los que hacemos referencia son generales para cualquier manifestación de criminalidad, ya sea colectiva o individual. No obstante, cuando se aplica dicho concepto al crimen organizado dichas concepciones no resultan suficientes, pues la complejidad que alcanza la criminalidad en su organización las dota de nuevos elementos propios de las expresiones de la nueva organización criminal. En este sentido, el elemento más característico de estos móviles es la comunidad de intereses entre todos los que de alguna forma u otra intervienen en la coorporación criminal correspondiente. Si bien no todos tienen las mismas funciones e incidencias en estas actividades, no cabe dudas de que a todos les interesa la producción del resultado final. Ello es lo que garantiza la obtención de lucros. A modo de ejemplo podemos citar el narcotráfico en el que algunos cultivan la droga, otros la procesan, otros la almacenan, otros la venden y así

---

[6] RODRÍGUEZ MANZANERA, LUIS: *"Criminología".* 2da edición.

sucescivamente todos tienen una función determinada; pero el interés de todos es que el producto final se venda en el mercado y proporcione ganancias cada vez mayores. Esto no significa que no existan intereses individuales en el crimen organizado, pero los intereses comunes en el resultado final de la actividad criminal suelen ser refrendados como superiores y primarios. Así es común encontrar organizaciones criminales en las que se simula ser una gran familia donde el padre es el "capo" y los subordinados más allegados son como hijos entre los que se establecen patrones y códigos de hermandad. De esta manera, una vez caído el jefe principal el negocio es retomado por los "hijos" que este haya designado con anterioridad o los que mayor antigüedad y destreza manifiesten en el negocio. El objetivo siempre será lograr resultados finales satisfactorios, así se requiera hacer cualquier sacrificio.

Ahora bien, el tema de los móviles

Ed. Porrúa. México. 1981. P. 463.

criminógenos en el crimen organizado y la criminalidad en general no se agota con la comunidad de intereses en el resultado final. Se requiere, además, que los sujetos intervinientes se encuentren motivados en la organización. Con esto queremos decir que la idea de mantenerse organizados debe ser, más que un motivo y una finalidad, una necesidad coorporativa o empresarial de los intervinientes como única forma de lograr desarrollar exitosamente la actividad criminal y consolidarse como grupo para obtener las ganancias pretendidas. En una comunidad criminal donde no es necesaria tal organización para lograr un fin no podrá alcanzar el calificativo de criminalidad organizada, aunque sí el de asociación para delinquir o grupo criminal. Estos últimos, aunque se asemejan mucho a la criminalidad organizada y pueden manifestarse en el marco del crimen organizado, adquieren características que los diferencian. Por estas razones es típico que la criminalidad organizada se manifieste generalmente en dimensiones internacionales enlazándose de un Estado a otro.

Recordemos que los factores criminógenos son aquellos elementos o concausas de naturaleza endógena, exógena o mixta que concurren a la formación del fenómeno criminal.[7] Estos no deben ser confundidos con las causas del crimen, pues los primeros referidos son los que favorecen mientras los últimos los producen.

La existencia de factores criminógenos son importantes para la perdurabilidad de la criminalidad organizada. Como bien habíamos apuntado, estos son imprescindibles en la producción del crimen, pero en la criminalidad organizada su dimensión es mayor. Dicha redimensión se fundamenta en que también son necesarios para producir la organicidad típica y casi resórtica de este tipo de criminalidad. La presencia permanente de estos factores es lo que permite, en gran medida, la permanencia de las características fundamentales del crimen organizado.

Las condiciones criminógenas, por su parte, son aquellas circunstancias o estímulos suplementarios que permiten florecer el motivo u oportunidad relevante a la producción del crimen.[8] Podemos citar como ejemplo el precario alumbrado público en una calle determinada y el poco tránsito de personas y policías por estos lugares, lo cual no es usual en esa calle repleta de tiendas y centros de comercio.

Para la criminalidad organizada casi siempre las condiciones criminógenas ideales están creadas cuando existe gran dispersión legislativa y poca cultura jurídica sobre un tópico determinado, poco control estatal en referencia a la actividad criminal concreta, poca oferta en el mercado legal del producto objeto directo de la criminalidad o altos niveles de corrupción, excesiva burocracia, alta demanda del producto o el servicio correspondiente, entre otros elementos.

---

[7] Sobre el concepto de factor criminógeno *vide at* MAYORCA citado por RODRÍGUEZ MANZANEA, LUIS: Ob. Cit. P. 463.
[8] *Ibidem*.

Otro de los requisitos necesarios para la subsistencia de la criminalidad organizada es la existencia de un territorio. Este es comprendido como el espacio físico sobre el cual recae todo el ámbito comercial y operativo de la criminalidad organizada. Generalmente tiende a existir mucho respeto entre una organización criminal y otra. La violación de los acuerdos tratados respecto a la autonomía territorial de una criminalidad organizada respecto de otra puede acarrear verdaderas guerras. Para evitar esto, por el alto costo económico que conllevaría, cada asociación criminal suele tener bandas y pandillas que sirven de "patrulla" o "polizontes del crimen" y avisan inmediatamente a los *capos* antes cualquier vulnerabilidad de los territorios operativos de la organización.

El conocimiento de los requisitos y características particulares de cada criminalidad organizada es de vital importancia para su control y enfrentamiento; pero sobre todo, para su prevención temprana. Con esta idea queremos significar que nada se logra realmente si no se eliminan los elementos requisitorios del crimen organizado y la criminalidad organizada. Es hacia este objetivo que debe enfocarse toda actividad respecto al tópico tratado si quisiere resultar efectiva.

1.2. Expresiones actuales.

Para hablar de las expresiones actuales de la criminalidad organizada debemos primeramente balbucear en los orígenes de este tipo de dinámica criminal. Los orígenes de la criminalidad organizada datan, al decir de muchos, del siglo XVII y XVIII a partir de la aparición de algunas estructuras pre-mafiosas durante el periodo de unificación y formación del estado italiano.[9] En el decursar del tiempo estas manifestaciones criminales fueron mutando a la par del desarrollo científico técnico al punto de contar con los más sofisticados medios para el desarrollo y ejecución de sus diversas operaciones. Las

---

[9] DE LA CRUZ OCHOA, RAMÓN: Ob. Cit. P. 9 y ss.

sociedades que más facilitaron el auge de la criminalidad organizada fueron las que se desarrollaron dentro del modelo capitalista liberal ya que en ellas la libertad económica y de mercado permite gestionar mejor y con mayor discreción grandes sumas de dinero sin que el Estado pueda controlar dichas actividades constantemente o de manera muy profunda, al menos que sea muy notorio. Ello no quiere decir que en los países de corte socialista no se haya desarrollado este tipo de criminalidad, pues es conocido que en la otrora Unión Soviética la dirección política al no combatir con determinación flagelos como la prostitución propició la aparición de redes delictivas que se vincularon con el mercado negro y hasta con representantes del poder.[10]

En la actualidad la criminalidad organizada ha alcanzado dimensiones exhuberantes. En muchos países han llegado hasta dictar políticas nacionales e internacionales. Hoy resulta muy difícil determinar sus expresiones

---

[10] *Ibidem.*

exactas, pero las más destacables son el narcotráfico, proxenetismo, trata de personas con fines de explotación sexual y trabajo forzado en condiciones de semiesclavitud, tráfico de órganos, terrorismo y lavado de dinero.

Capítulo II: La filosofía necesaria para el estudio de la criminalidad organizada

Generalmente se tiende a abordar el tema de la criminalidad organizada desde el mismo discurso criminológico enmarcado solamente en la descripción de sus manifestaciones y el análisis de sus posibles consecuencias. Sin embargo, para comprender realmente por qué la criminalidad organizada se manifiesta de una forma y no de otra en cada región o país estos esquemas antes mencionados no son suficientes.

Desde hace algunos años vengo sosteniendo la tesis de que la criminalidad organizada triunfa allí donde no ha sido aplicada oportunamente la prevención criminológica, las políticas victimológicas son deficientes o nulas, han fallado las políticas neoliberales de mercado, la política del Estado va divorciada de las propias leyes sociales y su capacidad como controlador, regulador y garante del bienestar social se ven significativamente disminuidas. Como es evidente son muchos los factores que pueden influir en que la criminalidad organizada cobre fuerza y se estabilice en un lugar determinado y en un momento histórico dado. De lo que no cabe dudas es de que todo ello debe ser comprendido a partir del estudio integrador de sus causalidad, motivos y razones sociales. Es por estas razones que en el presente capítulo pretendemos analizar desde una perspectiva filosófica la naturaleza socio-jurídica, criminológica y política de la criminalidad organizada en las sociedades actuales. Para ello iniciaremos por el análisis de la relaciones económicas como bases de producción e intercambio de bienes y servicios útiles en la sociedad. Posteriormente analizaremos la relación entre cada elemento de la superestructura social y la criminalidad organizada en las complejas sociedades actuales.

La economía de un Estado; es decir, su sistema económico debidamente armonizado y regulado, es el cimiento del funcionamiento armónico de la sociedad. Ello se debe a que en este sistema quedan identificados todos los bienes que resultan útiles para el ser humano proyectar su esencia a plenitud. Claro está que la interacción del ser humano con dichos bienes es regulada por el Derecho con el fin de establecer los patrones normativos en los que se basarán las relaciones entre el bien y los seres humanos. Entonces, mientras el Derecho protege mediante normas la manera y el carácter en que se establecerán estas relaciones entre los bienes y las personas (relaciones de uso, usufructo y propiedad) y las relaciones de las personas mismas durante el tráfico de estos bienes en la sociedad (permuta, intercambios, compra-ventas, destrucción, usufructos, creación de otros bienes, etc), la estructura económica (que por naturaleza antecede al Derecho) se encargará básicamente de crear y suministrar los bienes necesarios a la sociedad para que los seres humanos que la componen puedan disfrutarlos y de esa manera reafirmar su naturaleza humana en la búsqueda constante de esa felicidad o estadío físico, mental, emocional y espiritual óptimo. Con todo esto queremos decir que el sistema de relaciones económicas que se establecen entre los seres humanos y los bienes y, a su vez, entre los propios seres humanos durante el proceso de creación, explotación y tráfico de estos bienes en las complejas sociedades actuales fundamenta hoy, más que nunca, la necesidad de un adecuado ritmo de creación de bienes, racional explotación de los mismos y coherente distribución dentro de la sociedad. Es precisamente sobre el carácter que adquieren estos tres procesos antes mencionados(creación, explotación, distribución, políticas de adquisición y reciclaje de bienes) que se fundamenta el carácter político, jurídico, ético y hasta estético y filosófico de la sociedad. Es por ello que en más de una ocasión hemos escuchado a los especialistas decir que la estructura económica condiciona la superestructura social. Es por ello que los bienes(visto desde su esencia funcional) son insustituibles dentro de la sociedad.

Ahora bien, de todo lo explicado en el párrafo anterior se infiere que cuando en una sociedad carecen los bienes necesarios, estos no están bien distribuidos o son de difícil adquicisión los seres humanos buscan, casi instintivamente, suplir las necesidades creadas por la falta de esos bienes. Es entonces que en el armónico funcionamiento del sistema económico se comienzan a crear fisuras al no poder ofertar los bienes, en cualidad y cantidad, que demanda la sociedad. Estas fisuras a la que hacemos mención es lo que muchos hemos conocido y dado a llamar *corrupción, especulación, acaparamiento, tráfico ilícito de bienes,*etc. Casi siempre estos comportamientos o conductas noscivas para la sociedad son las que nos indican que el sistema económico del Estado y toda la super estructura social no están funcionando armónicamente. En otras palabras, son expresiones de las fisuras existentes en la funcionalidad del sistema económico y la armonía entre la estructura económica y la superestructura social. Es aquí, en este punto, donde entra a escena la criminalidad organizada. En lo que respecta a esta parte que estamos estudiando aquí (nos referimos al sistema económico del Estado y su funcionalidad) podemos decir que la criminalidad organizada cobra fuerza allí donde el sistema económico presenta fisuras expresadas en los comportamientos antes descritos. No obstante, mientras mayor sean las fisuras del sistema económico del Estado más fuerte será la actividad criminal organizada. Un ejemplo podemos verlo en México. México es uno de los mayores exportadores del mundo, la economía más desarrollada de América Latina y, sin embargo, es uno de los países con mayor desigualdad social y posee elevados índices de pobreza que comprende a millones de personas. Si analizamos bien este ejemplo notaremos que dicha desigualdad no debiera existir en un país como México si los bienes fueran distribuidos de una manera más racional y lógica respecto al sistema y modo de producción imperante allí. Entonces algo ha fallado en el sistema económico mexicano que ha creado esta brecha tan grande en la sociedad. La facilidad de algunos para adquirir bienes y la dificultad de otros para tener el mismo acceso da lugar a largo plazo a fisuras que se expresan en comportamientos antes mencionados como corrupción, trafico ilegal de bienes, influencias, etc. Todo ello, como también anunciamos anteriormente, influye y determina el carácter de la superestructura social mexicana ya que tanto la actividad política en el Estado como el mismo sistema jurídico, por ejemplo, van a reflejar en su funcionalidad las mismas deficiencias que arrastra el sistema económico. Es por eso que no será extraño escuchar de tráfico de influencia entre los políticos y de altos niveles de corrupción en el sector público. Tampoco es de extrañar que haya sido allí donde la criminalidad organizada se haya enraizado fuertemente. Claro está que ello responde también a otros factores geográficos y climatológicos, pero en esencia queremos ejemplificar nuestro análisis en un Estado que actualmente es uno de los casos antonomásticos en el estudio de la criminalidad organizada. Otro ejemplo que podemos traer a colación es el caso de Venezuela. En

Venezuela, el segundo productor de petróleo más grande del mundo, durante el 2015 y 2016 se manifestó una crisis económica dada, entre otras razones internas y externas, por la carencia de bienes necesarios para la sociedad. Dicha carencia provocó un fenómeno muy interesante y es que de la misma manera que la crisis se fue intensificando fueron aumentando los niveles de corrupción en el sector público y gubernamental, así como el tráfico de influencia y otras ilegalidades. En medio de todo esto, la influencia en la superestructura social fue tal que muchos funcionarios y seguidores del gobierno oficialista de Nicolás Maduro se pronunciaron y manifestaron en contra del mismo. Ello llegó al punto que en las elecciones parlamentarias de diciembre de 2015 el oficialismo perdió con abrumadora diferencia.[11] En este ejemplo debemos significar dos cosas: la primera de ellas es que se ratificó el papel esencial de las

[11] *Vid*: AGUILAR AVILÉS, DAGER: *El Nuevo Parlamento venezolano 2016-2021: Análisis filosóficos y Críticas al oficialismo en Venezuela*. Proyecto Editorial Honoris-América. Estados Unidos. 2016.

relaciones económicas en la sociedad; pues al verse afectada dicha armonía la repercución trascendió a altas consecuencias políticas y jurídicas en el Estado Venezolano. Especialmente para el oficialismo que había estado casi invicto en elecciones populares durante más de 15 años. La segunda de estas enseñanzas está en que en la medida que se intensificó la crisis y la carencia de bienes básicos como los alimentos, por ejemplo, se fue articulando, a la par de la corrupción en el sector público, una red de tráfico de alimentos y comercialización de los mismos en las fronteras con Colombia. Al punto que los venezolanos debían ir a Colombia a comprar los productos elaborados en la misma Venezuela. En dicha red podía encontrarse desde policías y militares hasta empresarios. Si no fuera por las acciones inmediatas del gobierno venezolano ya se habría conformado una criminalidad organizada a tales efectos. Lo peor de todo es que aunque ya estaba operando esta criminalidad en Venezuela se extendía paulatinamente a Colombia aprovechando las propias fisuras del sistema económico colombiano, especialmente en sus pueblos fronterizos. Con ello queremos significar que estaba alcanzando la categoría de criminalidad transnacional organizada. Pero esta cuestión no es propia de los países capitalistas. En paises socialistas también es fácil observar cómo la criminalidad organizada comienza a articularse cuando la producción de bienes, explotación, distribución y reciclaje de los mismos no es tan armónica con la oferta del Estado y la demanda de la sociedad. Un ejemplo evidente lo es Cuba que desde hace muchos años sufre las consecuencias de un mercado paralelo (llamado *bolsa negra* entre los cubanos) que ha causado estragos a la economía del país. En el Socialismo el tema de la criminalidad organizada es mucho más complejo de estudiar y, de hecho, es más difícil que esta se suscite. Ello se debe a que en los países socialistas como Cuba los bienes pertenecen fundalmentalmente al aparato público y existe un control bastante centralizado de su producción, tráfico, distribución y explotación de los mismos. Ello provoca que antes situaciones de carencias como ha ocurrido en Cuba desde hace muchos años el Estado no pierda las riendas del sistema económico y no de margen a la posibilidad de gestación de una criminalidad organizada. Soy del criterio personal que la criminalidad organizada es solo posible en un Estado Socialista si sus miembros líderes se encuentran estrechamente relacionados o forman parte de la alta cúpula gubernamental.

Una vez analizados algunos ejemplos estamos en condiciones de continuar nuestro análisis desde las relaciones entre la delincuencia organizada y la estructura política de la sociedad. La política en sí misma se traduce en nuestros tiempos como un sinónimo de "intereses"; es decir, como aquella doctrina que profesa el orden de los poderes dentro de la sociedad sobre la base de la conciliación de los intereses individuales y colectivos que en ella se religan. Por eso, la representación de intereses en una persona o grupo de personas sirve en un sistema político para encausar la armonía necesaria para que todos sean escuchados y los intereses de todos sean respondidos. Eso se expresa, por ejemplo, en los partidos políticos y programas electorales en los que cada candidato, sea una persona o un partido, procura identificarse como el representante de la mayor cantidad de intereses en la sociedad. Así en las respectivas elecciones esta persona o grupo de personas contará con la mayor cantidad de votos posibles. Estos votos, a fin de cuentas, no son más que la ratificación de cada ciudadano de tener intereses comunes con la persona por la cual a votado y desea que sea esa persona o grupo de personas quien lo represente en la sociedad. El lado oscuro de este diseño democrático de participación en el poder está en que para lograr posicionarse como candidato en una elección presidencial, parlamentaria o de otro tipo de cargo de alto nivel se requiere dinero para sustentar la campaña publicitaria y convencer al electorado. Generalmente ese dinero proviene de los sectores económicos más acaudalados en la sociedad. Estos últimos "apuestan" por el candidato que consideran idóneo bajo el compromiso de que una vez victorioso dicho candidato garantizará una estabilidad y materialización de los intereses de ese sector económico que le financió la campaña electoral. Muchas veces parte de ese sector está comprendido por los jefes de estas mafias y delincuencia organizada. Es por ello que luego vemos una suerte de "mano blanda" contra la criminalidad organizada en aquellos países donde este se ha enraizado con fuerza. Por otro lado existen los casos en que la corrupción política y la demagogia son eco del deterioro del sistema económico de la sociedad, tal como ya dijimos anteriormente, y esa es una brecha que encuentra la delincuencia organizada para satisfacer sus intereses mediante el soborno, malversación o amenaza y así robustecerse en el Estado. También puede llegar a suceder el caso extremo en el que la propia cúpula de la criminalidad organizada se encuentre directamente ocupando relevantes cargos políticos en la sociedad o los dirigentes políticos sean figurines en función de los comandantes de las criminalidades organizadas. Un ejemplo evidente de ello puede ser el llamado "Narco-Estado".[12] Debemos aclarar que no siempre es así, pero en esta obra estamos exponiendo solamente aquellos casos ilustrativos de la relación entre la delincuencia organizada y el sistema político.

Ahora bien, como si fuera un efecto dominó, el sistema jurídico refleja también las fisuras del sistema económico y político del Estado. El

_____

[12] El término **narco-estado** o **narcoestado** (de *narco*: droga y *estado*: conjunto de instituciones) es un neologismo que se aplica a aquellos países cuyas instituciones políticas se encuentran influenciadas de manera importante por el narcotráfico, y cuyos dirigentes desempeñan simultáneamente cargos como funcionarios gubernamentales y miembros de las redes del tráfico de drogas narcóticas ilegales, amparados por sus potestades legales.
El uso del término comenzó a implementarse en los años 1980 con la aparición de poderosas organizaciones mafiosas en Colombia. En la actualidad, Colombia ha mejorado en el tema del narcotráfico, disminuyendo ampliamente la producción en los últimos años. Son habitualmente considerados dos ejemplos de narcoestado Kosovo en Europa y Guinea-Bissau en África, aunque diferentes instituciones han advertido del riesgo de otros países a caer bajo este tipo de gobierno. Concepto tomado de la enciclopedia ibre Wikipedia. Obtenible en www.wikipedia.com. Consultado el 10 de enero de2016 a las 23:45hrs.

Derecho es el intrumento del Estado para regular el sistema de intereses en la sociedad y conforme a esos intereses, establece el orden, jerarquía y carácter del sistema de relaciones sociales. La facultad de crear Derecho es generalmente intrínseca y exclusiva del Estado, por lo que solo el aparato gubernativo puede legislar algunas disposiciones normativas muy específicas y queda para el poder legislativo la plena facultad de aprobar y dictar leyes. Con esto queremos significar que quien ostente el poder político tendrá acceso más o menos directo a la creación del Derecho y por medio de este legitimar intereses e imponerlos de manera dispositiva y hasta coactiva al resto de la sociedad. Las delincuencias organizadas son conscientes de ello y una buena parte de sus ganancias se ha demostrado que se invierten en facilitar el acceso a las más altas esferas del Estado relacionadas con el ejercicio de la Justicia, la seguridad ciudadana y las facultades legislativas. El Derecho como reflejo de ese sistema de relaciones sociales reflejará de igual manera, ya como hemos dicho, la presencia e incidencia de la criminalidad organizada dentro del Estado y hasta podríamos afirmar que será un termómetro de la fuerza alcanzada por la delincuencia organizada dentro del propio Estado concreto.

Uno de los temas menos debatidos, en lo que respecta a la delincuencia organizada, es el referente a su percepción popular desde una perspectiva ética y estética. Sucede que una de las misiones a la que se dan los jefes de la delincuencia organizada es dedicar parte de sus ganancias en el crimen organizado correspondiente para financiar un "saneo o limpieza" de su imagen pública. Para ello se enfocan también enn los medios de comunicación como gestores y constructores de la opinión pública. Para la delincuencia organizada el interés no está en la percepción positiva que sobre ellos tenga el gobierno. Claro está que ellos son conscientes de que al gobierno solamente se puede acceder bajo determinadas premisas (soborno, amenaza o intimidación). El interés de las delincuencias organizadas está dirigido hacia la sociedad.

Eso se debe a que a la sociedad no se puede doblegar con miedo y terror. Eso no es sufiente. Más eficiente ha resultado en las sociedades actuales utilizar la persuación y es ahí donde juegan un rol fundamental los medios de comunicación. Como ya habíamos dicho, la delincuencia organizada triunfa allí donde ha fallado el gobierno y casi siempre es en esos terrenos donde "los capos" construyen una imagen positiva de ellos mismos que termina cambiando la percepción ética y estética de la sociedad. Se han conocido casos en los que la delincuencia organizada ha generado empleo, construido escuelas, ayudan a los marginados y contribuyen al mejoramiento de la infraestructura de una comunidad y hasta hacen donaciones para proyectos culturales comunitarios en lugares donde el gobierno jamás ha hecho presencia de ningun tipo por medio de sus representantes. Un ejemplo claro lo fueron Malverde y Pablo Escobar. Pablo Escobar construyó más de doscientas viviendas para ciudadanos que antes vivían en Moravia, el mayor basurero de la ciudad de Medellín. En esos barrios, el jefe del cartel construyó y entregó a la comunidad más de cincuenta campos de fútbol, pagó la escolarización de niños, costeó de su bolsillo los regalos de Navidad, organizó verbenas y fiestas para toda la comunidad. En una de esas comunas, haciendo campaña con su partido, Alternativa Liberal, un periodista le preguntó a Escobar quiénes eran sus mejores amigos. "Mis mejores amigos -respondió Pablo- están en la comunidad de los tugurios, en el basurero municipal". Cientos de esos amigos de los tugurios formaban parte de aquel río de gente que acompañó el féretro de Escobar, años después, camino del cementerio.[13] Cuando estos fenómenos acaecen se invierte la percepción popular sobre la ética y la estética que debe primar en la sociedad. El delincuente es visto como una suerte de Robin Hood que

---

[13] PÉREZ, LUIS: *20 años de la muerte del narcotraficante colombiano Pablo Escobar, el capo que arrodilló a un Estado.* Publicado en sitio web de RTVE. Obtenible en http://www.rtve.es/noticias/20131202/escobar-capo-arrodillo-estado-colombiano/808041.shtml. Consultado el 10 de enero de 2016 a las 01:04hrs.

roba a los ricos para dar a los pobres lo que les corresponde por derecho.

Otra de las razones por las que la delincuencia organizada presta gran atención a cómo lo percibe la sociedad, especialmente su comunidad, es el hecho de que esa comunidad será la fuente de abastecimiento, mano de obra y de información más barata y segura con la que pueda contar la criminalidad organizada durante su existencia. Es de esta manera que por medio de financiamiento de medios de comunicación muchas veces se logra cambiar esta percepción de la población y sanear o limpiar la imagen de determinados miembros concretos de la delincuencia organizada. Un ejemplo de ello son las numerosas producciones de temas musicales, telenovelas y series en las que el tema del narcotráfico u otras formas de delincuencia son exaltadas como meritorias de personas virtuosas y talentosas, así como ejemplares ciudadanos.

Por último quisiéramos hacer referencia a la religión y su relación con la delincuencia organizada. Aunque los vínculos de la iglesia con esta forma de criminalidad no se han probado sí vamos a centrarnos en el fenómeno religioso en sí como expresión suprema de la escalada social de la delincuencia organizada. No es un secreto que el fenómeno religioso se manifiesta aquí cuando los miembros que delinquen en la organización criminal se sienten amparados por determinadas divinidades o consideran que sus actos criminales han sido perdonados y por ende autorizados por una divinidad determinada. Peor aún es el caso en el que prácticamente se santifica a una figura insigne de la delincuencia organizada por sus actos en vida. Un ejemplo claro es el caso de Valverde en México. Cuando esta situación se suscita es porque esa figura y la criminalidad organizada que representa escaló profundamente en toda la estructura económica y superestructura social del Estado. Solo así, bajo circunstancias concretas de vida o de muerte, puede ser glorificado con carácter religioso por miles de seguidores.

1. Los medios de comunicación y la delincuencia organizada.

Con el término medio de comunicación se hace una gran referencia al instrumento o forma de contenido por el cual se realiza el proceso comunicacional o de comunicación. Usualmente se utiliza el término para hacer referencia a los medios de comunicación masivos (MCM, medios de comunicación de masas o *mass media*); sin embargo, otros medios de comunicación, como el teléfono, no son masivos sino interpersonales.

El propósito principal de los medios de comunicación es, precisamente, comunicar, pero según su tipo de ideología pueden especializarse en; informar, educar, transmitir, entretener, formar opinión, enseñar, controlar, etc.

En esta ocasión vamos a referirnos a los medios masivos de comunicación y su relación con la criminalidad organizada. Ya desde epígrafes anteriores habíamos aludido al interés de la delincuencia organizada por manejar la opinión pública y la publicidad de su imagen para evitar que se perciba popularmente como un negocio ilegal y noscivo a la sociedad. Es por ello que en las sociedades actuales es sumamente importante el estudio de los medios de comunicación a la hora de intentar comprender la delincuencia organizada y su dinámica. Los medios de comunicación devienen entonces en un instrumento útil para la delincuencia organizada una vez que esta última comprende cómo explotarlos y dominarlos. Entonces el punto de análisis aquí no es cómo la delincuencia organizada explota y utiliza los medios de comunicación, sino cómo puede acceder a ellos. Si analizamos algunos medios como "internet" la respuesta a la accesibilidad de la delincuencia organizada a ella es de fácil deducción, aunque existen leyes que prohíben determinados anuncios publicitarios y formas de explotación de la internet. No obstante, si valoramos el acceso a otros medios como es la televisión o la radio notaremos que no es tan visible ni fácil de lograr. Pero ello no significa que no exista y que cada vez esta tendencia sea más tradicional.

La práctica ha demostrado que la mejor manera de llegar a los medios de comunicación por parte de la criminalidad organizada ha sido por medio de los artistas, especialmente actores, cantantes y todos aquellos de la llamada "Farándula". La formula es bien sencilla. En la actualidad acceder a los medios de comunicación requiere de buenas relaciones sociales o mucho dinero para garantizar un espacio "al aire" de manera habitual. Los artistas igualmente requieren de esos espacios para poder promocionar su trabajo y responder a las exigencias económicas de sus respectivas empresas. Así los cantantes responden a una disquera, los actores a un canal o compañía, los escritores a una casa editorial. Es decir, detrás de todo artista hay una empresa que espera obtener ganancias por la producción de la obra del artista y el artista conoce que si no resulta productivo perderá contratos y dinero en el futuro. Es de esta manera que constantemente el productor, músico, cantante, actor o actriz y todo aquel que necesita dinero para mantenerse y subsistir en "la farándula" buscan fuentes de ingresos y financiamiento de sus producciones artísticas y espacios comunicativos. La criminalidad organizada casi siempre intenta dominar los medios de comunicación trabajando directa o indirectamente a estas personas. Hay muchos de ellos que acceden por disímiles razones y otros simplemente se niegan a ello pero, la verdad es que una vez que la criminalidad organizada logra sus propósitos se evidencia un trabajo, casi generalizado respecto al tratamiento mediático de dicha criminalidad y, consecuentemente, se comienza a percibir un cambio de percepción en la opinión pública. Una vez más reiteramos que aunque esta no e sla única forma de acceder a los medios de comunicación sí es una de las más usadas por las mafias. También debemos destacar que no se debe interpretar estas líneas en el sentido de que todos los artistas o conductores o productores artísticos están vinculados a la criminalidad organizada, pero sí son vulnerables por su carácter de figuras públicas e "influencer" de ser perseguidas y coaccionadas por los grupos de criminalidad organizada muchas veces.

Conclusiones

De todo lo antes expuesto se puede concluir de que no es lo mismo crimen organizado que criminalidad organizada y que la mejor manera de combatir la criminalidad organizada es precisamente fortaleciendo la presencia del Estado y las políticas criminales y de prevención criminal en los lugares donde más se aprecien los factores criminógenos y victimógenos que faciliten delitos de crímenes organizados por configuración legal y material.

La forma en que se desemvuelve el sistema económico y el tráfico de bienes en la sociedad condiciona la superestructura social y el carácter de ese condicionamiento facilitará en mayor o menor medida el desarrollo y fortalecimiento de la criminalidad organizada en el Estado debido a la aparición de los factores necesarios (plíticos, económicos, jurídicos-criminológicos e ideológicos) para su permanencia. Por último queremos destacar que cuando la sociedad percibe una forma concreta de criminalidad organizada como representante y defensor de esa sociedad y al Estado o al gobierno como el obstaculizador del verdadero desarrollo de esa sociedad se puede decir que la batalla contra la criminalidad organizada está perdida, porque en ese entonces ya la criminalidad organizada ha logrado su objetivo final : legitimarse en la sociedad en detrimento de la deslegitimación del Estado y sus instituciones, especialmente las gubernativas.

Bibliografía

BLANCO CORDERO, I: *"Criminalidad Organizada y Mercados Ilegales"* en *Eguskilore*, No 11. 1997.

DE LA CRUZ OCHOA, RAMÓN: *"Crimen Organizado, Tráfico de Drogas, Lavado de Dinero y Terrorismo"* Ed. Ciencias Sociales. La Habana. Cuba. 2004..

RODRÍGUEZ MANZANERA, LUIS: *"Criminología".* 2da edición. Ed. Porrúa. México. 1981. P. 463.

AGUILAR AVILÉS, DAGER: *El Nuevo Parlamento venezolano 2016-2021: Análisis filosóficos y Críticas al oficialismo en Venezuela.* Proyecto Editorial Honoris-América. Estados Unidos. 2016.

PÉREZ, LUIS: *20 años de la muerte del narcotraficante colombiano Pablo Escobar, el capo que arrodilló a un Estado.* Publicado en sitio web de RTVE. Obtenible en http://www.rtve.es/noticias/20131202/escobar-capo-arrodillo-estado-colombiano/808041.shtml. Consultado el 10 de enero de 2016 a las 01:04hrs.